LUTAR É CRIME

LUTAR É CRIME

Bell Puã

LETRAMENTO

Copyright © 2019 by Editora Letramento
Copyright © 2019 by Bell Puã

Diretor Editorial | **Gustavo Abreu**
Diretor Administrativo | **Júnior Gaudereto**
Diretor Financeiro | **Cláudio Macedo**
Logística | **Vinícius Santiago**
Designer Editorial | **Luís Otávio Ferreira**
Assistente Editorial | **Giulia Staar e Laura Brand**
Revisão | **LiteraturaBr Editorial**
Capa | **Sergio Ricardo**
Projeto Gráfico e Diagramação | **Vanúcia Santos**
Ilustração | **Heitor Dutra**

Todos os direitos reservados.
Não é permitida a reprodução desta obra sem
aprovação do Grupo Editorial Letramento.

Dados Internacionais de Catalogação na Publicação (CIP) de acordo com ISBD

P976l	Puã, Bell	
	Lutar é crime / Bell Puã. - Belo Horizonte : Letramento, 2019. 86 p. : 14cm x 21cm.	
	ISBN: 978-85-9530-210-5	
	1. Literatura brasileira. 2. Mulheres. 3. Patriarcado. 4. Racismo. I. Título.	
2019-534		CDD 869.8992 CDU 821.134.3(81)

Elaborado por Vagner Rodolfo da Silva - CRB-8/9410

Índice para catálogo sistemático:
1. Literatura brasileira 869.8992
2. Literatura brasileira 821.134.3(81)

Belo Horizonte - MG
Rua Magnólia, 1086
Bairro Caiçara
CEP 30770-020
Fone 31 3327-5771
contato@editoraletramento.com.br
editoraletramento.com.br
casadodireito.com

Grupo Editorial
LETRAMENTO

para Felipe Santana, por acordar minha alma.

para Clara Lopes, por adormecer de punhos cerrados.

Salve Amanda Timóteo, Patricia Naia, Olga Pinheiro, Bione, Mariana Ramos, Cris Andrade, Lilo Araújo e todas as irmãs que passaram pelo meu berço poético, o SLAM das MINAS PE.

"um país nasceu
mas 'inda hoje
mais que século vinte
pra cada gérmen de insurreição
uma pílula
do dia seguinte"
• Luiza Romão

"se você acha que
a luta do meu po
vo é pra sentar
na sua mesa você
não deve ter ent
endido quem põe
a mesa é a gente
você está servido?"
• Fred Caju

sumário

Vamos à Luta - Por Marcelino Freire 11

Peso. 13

Contrapeso. 52

VAMOS À LUTA

Palavra feita.

Palavra para atravessar o corpo inteiro. Não é verso assim que chega todo passadinho. Digo: sem uma ranhura no tecido. Palavra é pele.

Vem a fogo e ferro. Pimenta no dicionário dos outros. Palavra é abalo sísmico.

Parada cardíaca de ônibus. Choque elétrico. Cada página que se passa um tapa na cara.

Quem nos autoajuda?

Fala a verdade, meu nego. Ninguém está nem aí. É pau no Coelho. Livro espírita bom é aquele que baixa no terreiro.

Palavra que não está para brincadeira.

Palavra feito esta desta poeta pernambucana.

Palavra que corta cana braba.

Em combate o coração. Todo coração é ação. Todo coração sabe a cor que tem.

Bell Puã é pugilista da palavra.

Pulso erguido que pulsa e vibra. Poesia diária em cada verso. E reverso. Palavra habitante da Cohab. Entre o mangue e o sangue. Sem nenhum ponto pacífico. Mesmo quando Dona Maria fazia crochê.

Lutar é preciso. Eis o seu crime perfeito. Palavra que ocupa Estelita. Ocupa Passarinho. Segue na mesma rua de Miró da Muribeca. Cheia de verdade crua.

Irmã de tantas irmãs. Lua da mesma Luna Vitrolira. Toda uma geração guerreira. Chegando à poesia brasileira para fazer história. Com a própria história. E com a palavra de uma pantera-negra.

Viva Conceição Evaristo!

Viva Bell bélica!

Chega de firula. Chega de mazela. Palavra que só autoras e artistas assim. Tomadas de si. E sentido. Podem fazer.

A saber: "que a rebeldia abençoe nossas mentes / a língua formal não encontre mais forma para existir / e a mesóclise vá pruma galáxia a anos-luz daqui".

Palavra pronta para explodir. Rasgos incessantes no ar.

Palavra das "mina guerreira" e das "mina poeta".

Vai encarar?

MARCELINO FREIRE

PESO

chegar num lugar
que sempre
te pertenceu
é uma coisa

chegar num lugar
que sempre
te foi negado
através da história,
na tv, nos livros
em olhares agressivos
é outra

já fui considerada
uma menina de cor
até perceber que tudo tudo
também tinha cor

o humor era negro
o mercado era negro
caso eu tivesse boa intenção
minha inveja seria branca
caso o bagulho embaçasse
a coisa tava preta
caso eu fosse pessoa de bem
minha alma seria branca
mas se eu fosse mau caráter
estaria na lista negra

sabia que pra ter lugar digno
na aquarela do brasil
precisava ser
uma menina de cor
tom sobre tom

– *parda*

hierarquia

os seguintes funcionários
oferecem serviços
de encanador, Zé
de marceneiro, Ivo
de mecânico, João
assinado o síndico
Antônio Ferreira de Mello Albuquerque.

Aperreio como condição

Uma preta mãe
Quiçá ainda uma Mãe preta
À direita olham olhos cansados
O cabelo crespo encolhido
Num pequenino coque amarrado
Sem muita opção:
De paisagem ou companhia ou locomoção.
Talvez pelas joias azuis seja filha de Iemanjá
Talvez aos domingos vá ao terreiro
dance no ritmo de Ijexá
Mais possível ser uma negra pobre, de fé cristã
Confiada num nefasto pastor
Ô Senhor, perdoai essa tal macumba pagã!
Periga o filho morrer pela polícia
Não permita que eu perca meu filho pro crime
Deixa ele pertinho, meu deus,
até onde alcança a vista...
Agora olha à esquerda e vê através da janela
Pensa em chegar logo em casa
Matar a fome da noite com pão e mortadela
Bate então a mazela, de quem vevi por viver
Sair pro trabalho no dia seguinte
Antes mesmo de amanhecer.

"Daqui a pouco cortam a luz
E eu na fila de espera do SUS
Chego no lar, meus bebês todos nus
Cuidados pela minha menina de 13,
que vida é essa Jesus?"
Vai pensando no busão
Já vazio, um ventinho frio
Nos opacos olhos de redenção.
Ó preta, ao te ver, te enxergo.
Também herdo um passado,
pra alguns presentes, de escravidão.
Ai, vida de desgraça!
Do mérito à farsa de quem justifica
que continue
a existir pobreza
(só pra quem mereça
uma rotina de cão)
A senhora preta no ônibus
tem o olhar de tantas outras
A sabedoria e beleza desconhecidas
por ela mesma
Que acima da dor e solidão
Existe Grandeza.

12 de outubro de 1999

Eu fazia só 6 anos
e o mundo 6 bilhões de seres
desumanos
Nossa Senhora Aparecida
nesse dia santo
tenha piedade da américa latina
tão esquecida.
O México longe de deus
e tão perto dos estados unidos
tal qual a sina de Cuba
Enquanto nossas fronteiras
cheias de povos fodidos
[encomiendas e escravidão moldaram rostos sofridos]
Como os descendentes de ameríndios
e africanos daqui
não esquece da gente, Senhora.
E reze pelo Haiti
Maldito o dia em que colombo
chegou ao norte
e fez suas andanças!
Nunca foi feliz o dia das nossas
latinas e negras crianças.

nossas instituições
de ensino
têm tanto
a aprender
ensinam sobre
tamanhas importâncias
qual a função social
do seu trabalho?

pense o mundo
mude o mundo
só não esqueça
de produzir

renegue o capital,
mas modere-se
faça a crítica
mas se encaixe
no modelo
de produção
em série

infle o lattes
e o ego
fale do ponto
de vista
acadêmico
seja um
acadêmico

não boicote
o sistema
fale para que
só poucos
possam entender
restrinja o

conhecimento
ao público blasé

nossas instituições
de ensino
têm tanto
a aprender

tá ligado que
combatemos
e também caímos
no jogo das
relações de poder?

de que serve
teu conhecimento,
senão para alento
dum frustrado professor
a esperança adormecida
humildade perdida
num título de doutor?

que a rebeldia abençoe
nossas mentes
a língua formal
não encontre
mais forma
para existir
e a mesóclise vá
pruma galáxia
a anos-luz daqui

a tal da sapiência
só se absorve
quando se é
por inteiro
não intelecto

de aparência
relegados ao
debate de
...imanência e
transcendência....

intelectuais estão
ao lado de quem
não tem citação famosa
nem menção honrosa
nos livros e avenidas

nossas instituições
de ensino
têm tanto
a aprender
sobre despertar
a consciência
de classe
sobre não reproduzir
uma classe
intelectu all

desconfiar da razão
bombardear
o eurocentrismo
não reproduzir
o discurso
dominante
questionar
pra onde foi
a revolução
que deu lugar
a essa muito mais
muito mais elite
que pensante?

a mulher sangra
quando não quer
natural, se é cis,
menstruar.
contra sua natureza
e vontade
é um homem
fazê-la sangrar.

por toda a avenida vejo vandalismo
meus olhos passam corridos
cenas que vistas em pausa
paralisam os sentidos

vi uma senhora negra
dormindo no concreto sujo
em frente a uma loja de colchões
dezenas de camas atrás da porta de vidro
mas seu cômodo era o chão batido
de pés descalços, roupa rasgada
todo dia minha alma é depredada

um moleque vende picolé
diz ter sabor morango,
leite condensado, açaí
diz ter sabor amargo
o ônibus lotado até o Bongi
"e aí, boy, porque tu não tá na escola?"
"é que vivo pela rua, tia, de manhã
vendendo picolé, de noite pedindo esmola"
congresso nacional só de rico
juiz ganhando salário de 30 mil
e diante de mim, diante dos meus olhos
trabalho infantil

aí o maluco diz, então porque não denuncia?
pra quem, pros burguês que se dói
com dinheiro de bolsa família?
Anderson tinha 8 anos e me olhava

como mais uma criança negra e pobre
que teve a educação sabotada
todo dia minha alma é depredada

Apipucos, bem na entrada
um corpo como o meu desenhado
um corpo outrora mutilado
um corpo negro e nu como slogan
o nome do lugar bem na fachada:
motel senzala
motel senzala?

motel aqueles lugares de pouco centímetro
onde meus ancestrais eram torturados
onde seres humanos tinham donos
não eram considerados gente
e sim escravos?

além de todo um Estado indecente
que sempre foi mandado por branco rico
seja lá como for
colonizador, senhor, ditador
além de oferecer ao trabalhador
uma rotina de cão
ser o último país do mundo
a abolir a escravidão
ainda fazem graça com a nossa dor?
motel senzala e o desgosto que sinto
precisa nem dizer mais nada
todo dia minha alma é depredada

Diana assassinada.
mais uma negra, pobre, nas ruas
tem nem sobrenome, nem deve ser gente
não é isso mano?
não é assim que rola?
pode matar a paulada porque a menina
cheirava cola
pode matar a paulada
essa preta que nunca
pisou numa escola

solidão das mulheres pretas
das mães abandonadas
criando filhos com seu suor
sinto raiva em minhas veias
sinto os versos de sabot
mulheres mais vulneráveis do que eu
ai que dó!
sente só quem é o verdadeiro vândalo
nesse cenário
defesa de patrimônio é o caralho!
defesa do meu povo
me movo, mesmo dilacerada
salve nordeste!
almas depredadas
ignoradas diante dos danos
ao prédio da FIESP.

Clandestinidade

Lá vai ele
com destino
Na labuta assim tão cedo
Tão menino
As pelada de domingo
nem dá todo esse calo
Isso é de catar lata
no meio do bloco do galo
Cai no meio da folia
com dor no peito
frevo no pé
como se no carnaval
Recife colorida
nem fosse tão desigual
enche a cara de axé
Com destino ele segue
Mas sem futuro nenhum.

sobredesenvolvimento

sobre o asfalto
vidas verdes
se arrancam
rivais do
concreto cinza
onde dorme
o homem solitário
que faz da rua
seu lar
e eu caminho
desgostosa
depois de um macho
me despir com olhos
me emputecer
com palavras
nojentas como a bosta
de um cachorro
custando 800 conto
vivendo no luxo
que o homem solitário
desconhece
cagando no asfalto
onde pisa
tamanha civilidade

lamento solene

mainha
gosto quando
tu me vê chegar
da janela o sorriso
coração tranquilo
já pronto o jantar
mas hoje, mainha
saia da janela
enquanto uns podem
à toa, bater panela
na nossa rua tá tendo
outro tiroteio.

tão rítmica
a expansão
do capitalismo
na mesma cadência
do avolumamento
de livros de autoajuda.

como não estarmos adoecidos
com o avanço do conservadorismo?
aquele velho individualismo que estimula
a pouco pensar e muito consumir
black friday mano?
o haiti é aqui!
brasil: uns não aguenta e se suicida
outros morrem no fuzil

tá lá no script da nossa história
vamos imitar a Europa que um dia chega
nossos tempos de glória
na concorrência com os irmãos?
vida é competição
seja um vencedor
quanto mais dinheiro
mais valor
não é assim que a tv ensinou?

o vilão termina pobre
o mocinho cheio de grana
só branco pra papel de médico, advogado
só num falta papel pra preto
quando é pra atuar como escravo
empregada, empregado....
não é esse nosso papel na história
ser marginalizado?
receber açoite do senhor
e do patrão o mínimo de salário?
tais ligado que hoje tem negro na Líbia
sendo vendido em mercado?

a carne mais barata é a minha
aqui é luta a cada verso
a carne mais barata é a minha
e tu quer falar de racismo reverso?
aterriza na realidade-dor
achou ruim te mandarem
pegar bronze na praia
imagina teus irmão de cor
ser 24 horas visto como ameaça
pra polícia que arrasta Cláudia
atira em criança na favela
queria eu, meu deus, que ofensa
fosse ser chamada de "branquela"

na classe burguesa que cresci
um playboy me falou de mérito
disse que quando pirralho
os bacana olhava pra ele e previa
"esse aí vai dar pra médico"
tá aí a diferença da cor no nosso destino
meu tio apenas criança, ainda menino
já sentenciavam "esse preto vai dar é pra bandido"

com muita dignidade
tio Evandro limpa o chão da cidade
caótica que é o Rio de Janeiro
salve COMLURB, galera de luta
os gari guerreiro
o funk do gheto que dá vida
aos nossos dias
fiquei sabendo que agora a elite
além de arrancar nossos direitos

quer proibir arte da periferia

ô, governo Temer, muda o roteiro
no Brasil já proibiram samba,
axé, maracatu, coco, frevo
dando desculpa que é música
indecente?
admite que é porque é som de preto!
de favelado, mas quando toca
ninguém fica parado
pensa que eu nunca vi MC Koringa
tocando em carro importado?

fiz as conta e tô
com Mãe Beth de Oxum
não sei você, mas em tempo
de solidão acompanhada,
desigualdade escancarada
tá na hora do pau comer
tá na hora do pau comer

e que a desgraça não seja
nossa sina
união europeia é massa
mas prefiro união américa latina
ansiosos, depressivos, cansados
mas de cabeça erguida
tá na hora do pau comer
quando o morro descer
cês vai sentir nossa ira

seja mais didática vamos lá escravidão eugenia nazismo apartheid jim crow black face segregação mesmo sendo maioria 54% da população mas peraí o pior racista é o próprio negro vamos do início eu sou confundida com empregada com faxineira só que faço mestrado mas calma o racismo tá nos olhos de quem vê agora tudo é racismo que vitimismo veja bem macacos cotistas pixaram numa universidade Ku Klux Klan neonazistas pediram o assassinato meu de pessoas como eu como minha mãe irmã pai avós dizem nos odiar pelo que somos seja mais didática não tenho culpa do meu antepassado escravocrata não tenho culpa dos meus privilégios mas tu só namora ou sente atraído por pessoas brancas ah questão de gosto seja mais didática vontade de gritar mandar à puta que pariu respiro afinal é mais fácil uma negra ser dilacerada pelo racismo e conseguir ser didática que um branco privilegiado conseguir reconhecer seu racismo respiro inspiro me inspiro didática e dolorida sigo

Ceça

me rasgo
de fazer por tu
apenas esse poema
quando mereces
o fim de todo
o sistema
que cassou
teu direito
de escrever

faço por tu
esse poema
deitada em
desencanto
pra quê esse tanto
se não irás ler?

torno-te o sabor
das palavras
escondo-te entre
os versos
rimo em excessos
pra te musicar

o problema
é que o poema
por ser tão só e apenas
continua a me rasgar...

ele disse que
mulher precisa ser feminina
mas homem afeminado
é motivo de piada
agir como mulherzinha
uma grande humilhação
ele disse que
mulher precisa ser feminina
mas a feminilidade é
pra ele
uma ofensa

quem assaltou
meu direito de votar
minha liberdade
de casar
divorciar
estudar
trabalhar
ter pernas à mostra
seios sem sutiã
entregaria meu útero
assim
de mãos beijadas?

me sentei feito mocinha
passei a escova no cabelo
depois de alisar de chapinha
usei roupa de respeito
falei em três línguas
mesmo assim fui assediada
mesmo assim fui perguntada
se meu lugar era na cozinha

SLAM I

ouvi duas mocinhas brancas
declamarem seu passado
não filando
fofoca de ônibus
mas num restaurante caro
falavam dos méritos
de seus ascendentes

uma tinha avô cheio de herança
a outra um avô advogado
dois avós que desbravaram
a Europa
eu cheguei aqui de paraquedas?

vovô andava malandro
pelo centro carioca
descalço, apelidado de macaco
preso duas vezes sem sequer
um crime de fato
por 30 anos porteiro de edifício chique
em Copacabana
recebia ordens de um seu Raimundo
"Elias, preto e funcionário
só entra pelos fundos"

a memória de vovô ecoava
enquanto ainda escutava
sobre a avó de fulana
que aos 15 anos viajou pra Miami
meu peito ardeu

ao pensar que vovó
desde os 9 anos de idade
limpava chão de madame!
quanta humilhação e sofrimento
só pra mainha estudar?

segundo Gilberto Freyre:
branca pra casar
mulata pra foder
e negra pra trabalhar

entendi logo cedo
privilégio de branco rico
não é só dinheiro, conforto
ser o mais bonito ou
ter cara de doutor
é a sociedade ter mais empatia
com a dor deles do que nossa dor

Mário assassinado no Ibura
sem crime nenhum
"bandido bom é bandido morto"
comentou o burguês
"pra morrer desse jeito
alguma coisa ele fez"
seu maior crime foi ser negro
da periferia
como Rafael Braga
condenado a 11 anos de xadrez
sabe o que ele não fez?
nascer filho de desembargadora
podia portar 120 kg de droga
AK 47 e metralhadora
que tava solto no mundo
mais um criminoso rico
rindo à toa

Vovó, cheguei até aqui
mas não esqueci de onde vim
mesmo classe média
perguntam se sou empregada
no prédio que moro

lei Áurea é paia
sem qualquer indenização
atirados à barbárie
tínhamos senhor e ganhamos patrão
da senzala pros ghetos
da senzala pra fora
dos livros de história
ficou na memória
dos meus antepassados
não bisneta de senhor de engenho
mas de escravizados

hoje a áspera angústia
do desencanto nos une
pois permanece impune
o poder do capital
ó Deus-mercado,
confesso-me uma herege!
individualismo não procede
nessa mente marginal
ó Deus-mercado,
queime-me na fogueira
onde queimam as utopias!
respondo com
sangue nos olhos
na boca a poesia
e um foda-se!
pra quem fala de meritocracia

foi em alguma das
paranoias
causadas a mim
pelo que é a mim
externo
(nada tive a ver
com o que me foi
implantado
antes mesmo
de ser plantada)
que a culpa consumiu
minha liberdade feminina
mas por sorte
não ando só
pude enxergar
moralismos
às avessas
como aprender
a se dar o respeito
só porque o homem
não é ensinado
a respeitar

12 de outubro de 2014

antes mesmo de nascermos
do útero já tão latino e pouco
nos faltavam elegias, ilíadas,
vanguardas ou polos próximos?
quem fez de nós
povos não prósperos?

somos escuros como
a noite boa
sim, a noite que desperta
a inspiração nos desvalidos
que saúda os proscritos
que tem a rua como lar
paisagem dos olhares calorosos
na balada quente
que tem lua
e por isso brilhamos
mesmo escuros

nosso saber ancestral
subestimado inválido
se vier de África
ou dos ameríndios
nem é conhecimento
chamam "atraso"
como se nossa metafísica fosse
pra ser sufocada na sina
de ser só mais uma
moreninha latina

quando o brasil era pindorama
o céu não se arranhava
era viva e vasta
a mata atlântica
gente diversa cor da terra
hoje por aí dispersa
suas línguas silenciadas ou perdidas
desde que o brasil era brazil

mulher é aquele gênero
todo generoso
que finge orgasmo
pra agradar o cara
que sequer se importa
em fazê-la gozar

vestígios do costume
em sentir o sentimento
unilateral
como se fosse normal
semear o que não é recíproco

> o conde d'eu virou rua
> já o conde da boa vista
> conseguiu ser avenida
> e tu, trabalhador,
> em que asfalto
> recife esquece
> tua partida?

essa mania de homens
colecionarem mulheres
como se fossem
as figurinhas de um álbum
e ainda cantar vitória
é o transbordar
da insegurança
de quem tem a fragilidade
muito mais que a vaidade
pesando na balança

ele não suportou
quando empunhei
a voz
era muito mais fácil
ter controle
do meu silêncio

talvez existam monstros
no meu armário
às vezes o barulho
da geladeira de madrugada
me metia sustos
imaginando essa possibilidade
já homens que violentam mulheres
topam comigo todos os dias
são reais
antes ficassem
no meu armário
escondidos
mas estão nas ruas
na chuva no sol nos partidos
na praia na igreja na escola
no meu c o n v í v i o
são com certeza
reais
e diferente dos monstros
que só talvez existam
no meu armário
de fato
já partiram para o ataque.

– ele não era um homem, era um monstro

me disseram que
isso aqui funciona
que é o progresso
coisa e tal
já chegou o delivery
de marmita
tão vendendo até
pizza no sinal
e eu morrendo
na contramão
como se fosse máquina
:piso num buraco
da peste que buraco
no mesmo buraco
o carro no buraco
capotou
parei
respirando gás carbônico
sentindo que a tal
civilização
só pode ser
uma forma
de tiração
tá ligado?

CONTRAPESO

‖ aprendi com a
autocrítica
muito mais
do que ensinei
com a crítica ‖

o dançar é nu

já nem sei se digo que quero já sei que não sei de mais nada já tive o amor como cura hoje nem sei nem tenho nem quero nem nada por isso me abro por isso me dispo não é dor em não te ter é saber que mesmo que não me tenhas tua vida segue em paz se jaz árido o chão que piso como tão ávida deslizo jamais pude prever o quão difícil é crer nessa rotina insípida sendo o que é meu também nosso por isso me abro por isso me dispo visto olho no olho sou o adorno dela espera sou a dor no nu dela aquarela finita minha alma queria eu fosse infindável preciso rechaçar preciso sem precisão do que quero navegar é improviso e fui um barquinho navegando só no oceano imenso coberta de barlavento e trancada a sete mares

hoje eu me abro hoje eu me dispo

minha amiga branca
parecia e se sentia
uma princesa
da disney
eu negra
só me via e sentia
no patinho feio
que nunca
viraria cisne
– nem cisne nem princesa: sou pantera

reaja

aprendi a ser paciente
com meus erros
pois tão diários
contínuos
também ser calma
com o outro
e suas descuidadas falhas
mas aos canalhas?
toda minha raiva
alvoroço ânsia
indignação
se não reconhece
seus deslizes
discrimina explora
endossa violências
à puta que pariu, meu bem
haja paciência

D. Maria

fazia crochê
como se
costurasse
os sonhos
dispersados
na areia seca

dormia de dia
o sol ainda se
punha a olhá-la
cobrindo-a com
luz da noite
apreciada só
na madrugada

despertava o
manso corpo
o gordo corpo
doçura que
pesava os passos

ternura quando
o sol a cobriu
em junho
era inverno

seus olhos
costurados
misturou-se à
areia seca
dos sonhos
dispersados

senti seu cheiro
de bolo
de macaxeira
vi seu crochê
na cabeceira
pela última vez.

é bem verdade
jah não fez
o ser humano eterno
mas permitiu
que ele lombrasse
e criasse
a sua glória
através de um saber
que o eternizasse
no mundo
chamado: história

Deus e os astros me disseram
pra entre os passos
sempre deixar os rastros
da grandeza do sertão
aquele povo que passa
perrengue na seca
minha amiga Maria Samara
lá de Afogados da Ingazeira
me contou das treta

é bem verdade que o trabalhador rural
cumpre jornada de 15 horas
criança trampa pelo Recife
vendendo água e pipoca
passagem de ônibus é um assalto
tanto ladrão de celular
como empresa te rouba
altas quebrada deixada de lado
coque, ibura,
coelhos, santo amaro

calor da miséria dia pós dia
resultado de transformar a natureza
em pura mercadoria
por isso diga e repita:
salve Ocupe Passarinho,
Ocupe o Estelita!
resistência a gente faz na rua
mas tu sabe a verdade crua?

vocês tão ligado?
que o que nois chama de "Nordeste"

na real, foi inventado?
Porque tu, paulista, não se considera sudestino?
mineiro, carioca tem identidade própria
mas é tudo a mesma merda
esses tal de nordestino?

só pra começo de conversa
nordeste tem 9 estados diferentes
nem vem dizer que não sabia
sul e sudeste tem IDH foda
mas não tem aula de geografia?
de onde venho a gente diz
oxe, eita carai, misericórdia minha fia

é pra ter um ataque
ator de novela
quando imita nosso sotaque
é que pra vocês nois é caricatura
num interessa de onde venho
me chamam de paraíba
me respeita, boy
sou da terra de Capiba

mestre vitalino, paulo freire, manuel bandeira
brega, frevo, coco, maracatu
cultura popular pulsante
lia de itamaracá, luiz gonzaga lá do exu
Pernambuco
só dá tu!

só dá o sabor da morena tropicana
peço mais fé lipe santana
dançando ciranda na praia do janga
boa viagem, várzea, boa vista
Beberibe que acomodou painho
Aurora pra acomodar artista
Olinda! teus coquerais, teu sol, teu mar
faz vibrar meu coração, dá gosto
tomar uma cerveja antes do almoço
pra ficar pensando melhor
meu peito é mangue beat
pulsando Chico Science, Karina Buhr,
Siba, Mombojó

respeita o lugar que foi explorado
desde 1500 pra arrancar cana-de-açúcar
respeita a capitania de Zumbi dos palmares
símbolo da negra luta

passei não só pra dar um cheiro
mas pra ser bem direta
depois de muito castelar
num verso de Miró da Muribeca
respeita o Nordeste
as mina guerreira, as mina poeta
quando for imitar sotaque
de pernambucano, não esqueça
esse é o povo mais brabo [e vaidoso]
em linha reta

de que adianta
ter fala bonita
se só quem entende
é uma gente
tão restrita?

sentimento não é saber inato mesmo estando dentro de nós como órgãos que funcionam cada um com seu suingue pra que nosso corpo dance vigores cumpra necessidades ensinadas por deus desde a primeira forma de nosso ente humano na verdade sentimento é algo que somos aprendizes uma ciência que debate com o mais eloquente dos medos a mais prolixa das inseguranças até finalmente argumentar com o coração muito bem esclarecido que paixão é de guardar quando quem a inspira cuida enquanto tristeza é de aproveitar por um tempo mas depois se desfaz dela antes que ela nos faça desfeitas incuráveis sabotem o aprendizado de sentir ensinado pela escola das relações na pegada do samba que é manter-se vivo

uma relação que não corrói
o amor-engrenagem
vale apena a manutenção
– *quando há conserto*

ponto pacífico

perdoei Recife
dei uma trégua
ao desgosto
que invade
a av. domingos ferreira
atravessa a ingrata
conselheiro aguiar

cidade tão desavergonhada
de ser toda nomeada
com sobrenome de marajá
sinto a areia de boa viagem
lembro do tanto concreto
que afoga o riso do mar

dos rios que banham olhares
refletidos em manguezal
inspiram sons e cores
mangue beat etc. e tal

mesmo assim não
te perdoo, Recife
não na Aurora
nem na praia
mas na poesia
de Naia
[conseguimos fazer as pazes.

Oi, sumida

óleo de peroba esfregaria
em tua bela face
talvez só omo limpasse
tamanha cara de pau
meu apressado tchau
é visualizar calar partir
agora sim querido
sem cerimônia

sumi

> talvez a vida seja sobre
> como mesmo debaixo
> de tanta injustiça
> as pessoas insistam
> em marchar radiantes
> às vezes até mais
> que seus opressores
>
> – *privilégios de espírito*

na pressão do dia a dia
ou se tá fazendo um corre
ou se tá na correria

> o caminho do ódio é um caminho com volta lembrar de si anos atrás é levar um susto por já ter sido capaz de ocupar a mente com julgamentos sucessivos olha como ele fala errado como ela tem coragem de usar esse vestido não existe preconceito existe vitimismo ser gay só se não der muita pinta violência é a grande chave para nossos problemas mas a despeito de todo veneno que nos toma através do sistema
>
> o caminho do ódio é um caminho com volta

e agora
o que vou pensar de mim?

na travessia
do parecer ao ser
a voz do padrão
agia pregressa
mas logo calou
quando firme
atravessei
do que me tolhia
ao que me atravessa

recife é a cidade dos alagados
tudo que é fluido
nos abraça
por isso essa cascata
em meus versos
ou se é cavalcanti
ou se é cavalgado
[ou se é assaltado
sem deixar
de estar imerso]

quando entendi que o padrão de beleza
não esperaria a vez do crespo e da cor escura
revidei com gentileza ao meu rosto e corpo
e até hoje o padrão tão branco e excludente
aguarda minhas inseguranças

existe uma força
que me arranca
mas fornece raízes
faz remexer algo
aqui de dentro
com memórias
de lamento
e pulsa, e vibra,
e vibra, e pulsa,
e pulsa, e vibra
pode
ouvir?
o que faz meus quadris
girarem pelos ares
sentir que a natureza
penetra coordena
todos os lares
com um passado
de marcas ancestrais
vivas pulsantes
vibrando pós-coloniais
o co ra ção ba ten do
em ritmo de tambor

às vezes a revolução
toma forma de frase
no meio da estrada
em vidro de caminhão
outro dia umas palavras
chamaram minha atenção
diziam sem arrogância
a qualquer estranho que lesse:
"jesus te ama
e eu também"

na cohab de realengo
o elevador improvisado
de barbante
e saco plástico
os gritos que
comunicavam
Dona Marluce
chegando no térreo
com uma voz ecoando
do quinto andar
enquanto a piscininha
com 60 cm de raio
cabia todos
os nossos sonhos
meu poema
germinava

conteúdo vomitado
pode parecer apartidário
já estimular senso crítico
é motivo de perigo
a um sistema incendiário

agradeço aos professores
que souberam ser chama
acendendo o pavio
das minhas ideias

é incrível como o amor
assume tantas
cores e maneiras
mas há quem prefira
golpear liberdades
a compreender
sim meta a colher
no que for abusivo
não no real afeto
e as variáveis
que ele possui
diferente da nossa
sociedade excludente
o amor é sábio
o amor inclui

mais vale um olhar gentil
ouvidos dispostos
e nariz desempinado
que uma fala revolucionária

sou planos inacabados deixados à beira da estrada sou carta de amor em garrafa que vaga em alto mar pra jamais ser encontrada sou tiro de arco a flecha avoando desorientada impulsionada por dúvida sonho instiga sou erro que só a gota mas vez ou outra acerto a mira

nenhuma ameaça
de bala
abala
nossa fé

FSC
MISTO
Papel
FSC* C092828

2023
CARBON
NEUTRAL
SAVE

◎ editoraletramento   ⊕ editoraletramento.com.br
ⓕ editoraletramento   ⓘ company/grupoeditorialletramento
𝕏 grupoletramento   ✉ contato@editoraletramento.com.br

🌐 casadodireito.com   ⓕ casadodireitoed   ◎ casadodireito

Grupo Editorial
LETRAMENTO